大方廣佛華嚴經 讀誦

18

🪷 일러두기

1. 『독송본 한문·한글역 대방광불화엄경』은 실차난타가 한역(695~699)한 80권 『대방광불화엄경』의 한문 원문과 한글역을 함께 수록한 것이다. 한문에는 음사와 현토를 부기하였다.

2. 원문의 저본은 고종 2년(1865) 월정사에서 인경한 고려대장경 『대방광불화엄경』에 한암 스님이 현토(1949년)한 것을 범룡 스님이 영인 출판(1990년)한 『대방광불화엄경』이다.

3. 한문은 저본에서 누락되었거나 글자가 다르다고 판단된 부분은 저본인 고려대장경 각권의 말미에 교감되어 있는 내용을 중심으로 하고 봉은사판 『대방광불화엄경수소연의초』와 신수대장경 각주에서 밝힌 교감본을 참조하여 보입하고 수정하였다.

4. 한글 번역은 동국역경원에서 발간한 한글 『대방광불화엄경』(운허)을 중심으로 하고 『신화엄경합론』(탄허)과 『대방광불화엄경 강설』(여천무비) 그리고 최근의 여타 번역본 등을 참조하였다.

5. 저본의 원문에서 이체자의 경우 훈글이 제공하는 이체자는 그대로 살리고 훈글이 제공하지 않는 글자는 통용되는 정자로 바꾸었다. 예) 閒 → 閑 / 焰 → 燄 / 宫 → 宫 / 俑 → 稱

6. 한글 번역은 독송과 사경을 위하여 정확성과 아울러 가독성을 고려하였다. 극존칭은 부처님과 불경계에 대해서만 사용하였다.

7. 독송본의 차례는 일러두기 → 본문 → 화엄경 목차 → 간행사의 순차이다.
   (법공양판에는 간행사 다음에 간행불사 동참자를 밝혀 두었다.)

8. 독송본의 한글역은 사경의 편의를 도모하기 위해 그 편집을 달리하여 『사경본 한글역 대방광불화엄경』으로 함께 간행한다. 독송본과 사경본 모두 80권 『대방광불화엄경』의 권별 목차 순으로 간행한다.

독송본 한문 · 한글역

대방광불화엄경 제18권
大方廣佛華嚴經 卷第十八

18. 명법품
明法品 第十八

실차난타 한역
수미해주 한글역

18

대방광불화엄경 제18권 변상도

대방광불화엄경

제18권

18. 명법품

대방광불화엄경 권제십팔
大方廣佛華嚴經 卷第十八

명법품 제십팔
明法品 第十八

이시　정진혜보살　백법혜보살언
爾時_에 精進慧菩薩_이 白法慧菩薩言_{하시니라}

불자　보살마하살　초발구일체지심　　성
佛子_야 菩薩摩訶薩_이 初發求一切智心_{하야} 成

취여시무량공덕　구대장엄　승일체지
就如是無量功德_{하야} 具大莊嚴_{하며} 昇一切智

대방광불화엄경 제18권

18. 명법품

그때에 정진혜 보살이 법혜 보살에게 말씀드렸다.

"불자여, 보살마하살이 처음 일체 지혜를 구하는 마음을 내어서, 이와 같은 한량없는 공덕을 성취하여 큰 장엄을 갖추며, 일체 지혜의

승 입보살정위 사제세간법 득불출
乘하며 入菩薩正位하며 捨諸世間法하고 得佛出

세법 거래현재제불섭수 결정지어무상
世法하며 去來現在諸佛攝受로 決定至於無上

보리구경지처
菩提究竟之處하나니라

피제보살 어불교중 운하수습 영제
彼諸菩薩이 於佛敎中에 云何修習하야사 令諸

여래 개생환희 입제보살소주지처
如來로 皆生歡喜하며 入諸菩薩所住之處하며

일체대행 개득청정 소유대원 실사만
一切大行이 皆得淸淨하며 所有大願을 悉使滿

족 획제보살광대지장
足하며 獲諸菩薩廣大之藏하리잇고

수레에 올라서 보살의 바른 지위에 들어가며, 모든 세간법을 버리고 부처님의 출세법을 얻으며, 과거 미래 현재의 모든 부처님께서 거두어 주셔서 위없는 보리의 구경인 곳에 결정코 이를 것입니다.

저 모든 보살들이 부처님의 가르침 가운데 어떻게 닦아 익혀야 모든 여래께서 다 환희하시게 하며, 모든 보살들의 머무르는 곳에 들어가며, 일체 큰 행이 다 청정함을 얻으며, 가진 바 큰 서원을 모두 만족케 하며, 모든 보살들의 넓고 큰 창고를 얻겠습니까?

수소응화　　상위설법　　이항불사바라밀
隨所應化하야 常爲說法호대 而恒不捨波羅蜜

행　　　소념중생　　함령득도　　소삼보종
行하며 所念衆生을 咸令得度하고 紹三寶種하야

사부단절　　선근방편　　개실불허
使不斷絶하며 善根方便이 皆悉不虛리잇고

불자　피제보살　이하방편　　능령차법당
佛子야 彼諸菩薩이 以何方便으로 能令此法當

득원만
得圓滿이니잇고

원수애민　　위아선설　　차제대회　미불
願垂哀愍하사 爲我宣說하소서 此諸大會가 靡不

락문
樂聞이니이다

마땅히 교화할 바를 따라 항상 법을 설하되 언제나 바라밀행을 버리지 아니하며, 염려하는 바의 중생들이 모두 제도를 얻게 하며, 삼보의 종성을 이어서 끊어지지 않게 하며, 선근과 방편이 모두 다 헛되지 않겠습니까?

불자여, 저 모든 보살들이 무슨 방편으로써 능히 이 법을 마땅히 원만하게 할 수 있습니까?

원하오니 가엾게 여겨 우리를 위해 설해주소서. 이 모든 모인 대중들이 다 즐겨 듣고자 합니다.

부차여제보살마하살　　상근수습　　멸제일
復次如諸菩薩摩訶薩이 常勤修習하야 滅除一

체무명흑암　　항복마원　　제제외도　　영
切無明黑暗하며 降伏魔怨하고 制諸外道하며 永

척일체번뇌심구
滌一切煩惱心垢하나라

실능성취일체선근　　영출일체악취제난
悉能成就一切善根하며 永出一切惡趣諸難하며

정치일체대지경계
淨治一切大智境界하나라

성취일체보살제지　　제바라밀　　총지삼매
成就一切菩薩諸地와 諸波羅蜜과 摠持三昧와

육통삼명　　사무소외　　청정공덕　　장엄일
六通三明과 四無所畏의 淸淨功德하며 莊嚴一

체제불국토　　급제상호　　신어심행　　성취
切諸佛國土와 及諸相好와 身語心行하야 成就

다시 또 저 모든 보살마하살들이 항상 부지런히 닦아 익혀서 일체 무명과 어두움을 없애 버리며, 마군을 항복시키고 모든 외도들을 제어하며, 일체 번뇌인 마음의 때를 영원히 씻습니다.

일체 선근을 모두 능히 성취하며, 일체 나쁜 갈래의 모든 액난에서 영원히 벗어나며, 일체 큰 지혜의 경계를 깨끗이 다스립니다.

일체 보살의 모든 지위와 모든 바라밀과 총지와 삼매와 육통과 삼명과 사무소외의 청정한 공덕을 성취하며, 일체 모든 부처님의 국토와 그리고 모든 상호와 몸과 말과 마음의 행

만족
滿足하니라

선 지 일 체 제 불 여 래　　역 무 소 외　　불 공 불 법
善知一切諸佛如來의 力無所畏와 不共佛法과

일 체 지 지　　소 행 경 계
一切智智의 所行境界하니라

위 욕 성 숙 일 체 중 생　　　수 기 심 락　　　이 취
爲欲成熟一切衆生하야 隨其心樂하야 而取

불 토　　수 근 수 시　　　여 응 설 법 종 종 무 량
佛土하며 隨根隨時하야 如應說法種種無量

광 대 불 사　　급 여 무 량 제 공 덕 법　　제 행 제 도
廣大佛事하며 及餘無量諸功德法과 諸行諸道와

급 제 경 계　　개 실 원 만　　질 여 여 래　　공 덕 평
及諸境界를 皆悉圓滿하야 疾與如來로 功德平

등
等하니라

을 장엄하여 만족하게 성취합니다.

일체 모든 부처님 여래의 힘과 두려울 바 없음과 함께하지 않는 부처님 법과 일체지지의 행할 바 경계를 잘 압니다.

일체 중생을 성숙케 하려 하여 그들의 마음에 즐거함을 따라 부처님 국토를 취하며, 근성을 따르고 시기를 따라 마땅함과 같이 법을 설하며, 갖가지 한량없는 넓고 큰 불사를 하며, 그리고 나머지 한량없는 모든 공덕법과 모든 행과 모든 도와 모든 경계들을 모두 다 원만하게 하여 빨리 여래와 더불어 공덕이 평등하게 합니다.

어제여래응정등각　백천아승지겁　수보
於諸如來應正等覺이 百千阿僧祇劫에 修菩

살행시　소집법장　실능수호　개시연
薩行時에 所集法藏을 悉能守護하야 開示演

설　제마외도　무능저괴　섭지정법　무
說하며 諸魔外道가 無能沮壞하며 攝持正法을 無

유궁진
有窮盡하니라

어일체세계　연설법시　천왕용왕　야차왕
於一切世界에 演說法時에 天王龍王과 夜叉王

건달바왕아수라왕가루라왕긴나라왕마후
乾闥婆王阿脩羅王迦樓羅王緊那羅王摩睺

라가왕　인왕범왕여래법왕　개실수호
羅伽王과 人王梵王如來法王이 皆悉守護하니라

일체세간　공경공양　동관기정　상위
一切世間이 恭敬供養하며 同灌其頂하야 常爲

모든 여래 응정등각께서 백천 아승지겁 동안 보살행을 닦으실 때에 모으신 법장을 모두 능히 수호하여 열어보이고 연설하며, 모든 마군과 외도들이 능히 꺾어 무너뜨리지 못하며, 바른 법을 거두어 지니되 끝까지 다함이 없습니다.

일체 세계에서 법을 연설하실 때에 천왕과 용왕과 야차왕과 건달바왕과 아수라왕과 가루라왕과 긴나라왕과 마후라가왕과 인왕과 범왕과 여래법왕이 모두 다 수호합니다.

일체 세간이 공경 공양하며, 한가지로 관정하여 항상 모든 부처님의 호념하시는 바가 되

제불지소호념　　일체보살　　역개애경　　득
諸佛之所護念하며 一切菩薩이 亦皆愛敬하며 得

선근력　　증장백법　　개연여래심심법장
善根力하야 增長白法하며 開演如來甚深法藏하며

섭지정법　　이자장엄
攝持正法하야 以自莊嚴하나니라

일체보살　　소행차제　　원개연설
一切菩薩의 所行次第를 願皆演說하소서

이시　　정진혜보살　　욕중선기의　　이설송
爾時에 精進慧菩薩이 欲重宣其義하사 而說頌

언
言하시니라

며, 일체 보살이 또한 모두 사랑하고 공경하며, 선근의 힘을 얻어 백법을 증장하며, 여래의 깊은 법장을 열어 연설하며, 바른 법을 거두어 지녀 스스로 장엄합니다.

일체 보살의 행하는 바 차례를 다 연설해 주시기를 원합니다."

그때에 정진혜 보살이 그 뜻을 거듭 펴려고 게송을 설하여 말씀하였다.

대명칭자선능연
大名稱者善能演

보살소성공덕법
菩薩所成功德法하시니

심입무변광대행
深入無邊廣大行하며

구족청정무사지
具足淸淨無師智로다

약유보살초발심
若有菩薩初發心에

성취복덕지혜승
成就福德智慧乘하고

입리생위초세간
入離生位超世間하야

보획정등보리법
普獲正等菩提法인댄

피부운하불교중
彼復云何佛敎中에

견고근수전증승
堅固勤修轉增勝하야

영제여래실환희
令諸如來悉歡喜하며

불소주지속당입
佛所住地速當入하며

큰 명칭 지니신 분이
보살이 이룬 공덕법을 잘 능히 연설하시니
가없는 넓고 큰 행에 깊이 들어가
청정한 스승 없는 지혜를 구족합니다.

만약 어떤 보살이 처음 발심하여
복덕과 지혜의 법을 성취하고
생을 여읜 지위에 들어가 세간을 뛰어넘어
바르고 평등한 보리법을 널리 얻는다면,

그가 다시 어떻게 부처님의 가르침 속에서
견고하게 부지런히 닦아 더욱더 수승하여
모든 여래께서 다 환희하시게 하며
부처님께서 머무르신 경계에 빨리 마땅히 들어가며

소행청정원개만
所行清淨願皆滿하며

급득광대지혜장
及得廣大智慧藏하며

상능설법도중생
常能說法度衆生호대

이심무의무소착
而心無依無所著하며

보살일체바라밀
菩薩一切波羅蜜을

실선수행무결감
悉善修行無缺減하며

소념중생함구도
所念衆生咸救度하며

상지불종사부절
常持佛種使不絶하며

소작견고부당연
所作堅固不唐捐하야

일체공성득출리
一切功成得出離니잇고

여제승자소수행
如諸勝者所修行인

피청정도원선설
彼清淨道願宣說하소서

행하는 일이 청정하고 서원이 다 만족하며
넓고 큰 지혜창고를 얻으며
항상 능히 법을 설하여 중생을 제도하되
마음은 의지함도 없고 집착하는 것도 없으며

보살의 일체 바라밀을
모두 잘 수행하여 모자람이 없으며
염려하는 바 중생들을 다 구제하여 제도하며
부처님의 종성을 항상 지녀 끊이지 않게 하며

짓는 바가 견고하여 헛되이 버리지 아니하고
일체 공덕을 이루어 벗어남을 얻습니까?
저 모든 수승한 자들의 수행하는 바인
저 청정한 도를 설해주시길 원합니다.

영파일체무명암
永破一切無明暗하며

항복중마급외도
降伏衆魔及外道하며

소유구예실척제
所有垢穢悉滌除하며

득근여래대지혜
得近如來大智慧하며

영리악취제험난
永離惡趣諸險難하며

정치대지수승경
淨治大智殊勝境하며

획묘도력인상존
獲妙道力隣上尊하야

일체공덕개성취
一切功德皆成就하며

증득여래최승지
證得如來最勝智하고

주어무량제국토
住於無量諸國土하야

수중생심이설법
隨衆生心而說法하며

급작광대제불사
及作廣大諸佛事하나니

일체 어두운 무명을 영원히 깨뜨리고
온갖 마군과 외도들을 항복 받으며
있는 바 때묻고 더러운 것을 모두 씻어 제하여
여래의 큰 지혜에 가까움을 얻으며

나쁜 갈래의 모든 험난함을 영원히 여의고
큰 지혜의 수승한 경계를 청정하게 다스리며
묘한 도력을 얻어서 가장 높은 분께 가까이하여
일체 공덕을 다 성취하며

여래의 가장 수승한 지혜를 증득하고
한량없는 모든 국토에 머물러
중생 마음을 따라 법을 설하며
그리고 넓고 큰 모든 불사를 지으니

운하이득제묘도
云何而得諸妙道하야

개연여래정법장
開演如來正法藏하며

상능수지제불법
常能受持諸佛法하야

무능초승무여등
無能超勝無與等이니잇고

운하무외여사자
云何無畏如師子하고

소행청정여만월
所行淸淨如滿月하며

운하수습불공덕
云何修習佛功德호대

유여련화불착수
猶如蓮華不著水니잇고

어떻게 모든 미묘한 도를 얻어서

여래의 바른 법장을 열어 말하며

항상 모든 부처님의 법을 능히 받아 지녀

능히 뛰어넘을 수 없고 더불어 같을 수도 없겠습니까?

어떻게 두려움 없기가 사자와 같고

행하는 일이 청정하기가 보름달 같으며

어떻게 부처님의 공덕을 닦아 익혀서

마치 물 안 묻는 연꽃과 같겠습니까?

이시　법혜보살　고정진혜보살언
爾時에 法慧菩薩이 告精進慧菩薩言하시니라

선재　불자　여금위욕다소요익　다소안
善哉라 佛子여 汝今爲欲多所饒益과 多所安

락　다소혜리　애민세간제천급인　문어
樂과 多所惠利로 哀愍世閒諸天及人하야 問於

여시보살소수청정지행
如是菩薩所修淸淨之行하나니라

불자　여주실법　발대정진　증장불퇴
佛子야 汝住實法하야 發大精進하고 增長不退하야

이득해탈　능작시문　동어여래
已得解脫하며 能作是問하야 同於如來하나니라

제청제청　선사념지　아금승불위신지
諦聽諦聽하야 善思念之하라 我今承佛威神之

이때에 법혜 보살이 정진혜 보살에게 말씀하였다.

"훌륭하다, 불자여. 그대가 지금 많이 요익할 바와, 많이 안락할 바와, 많이 은혜를 베풀어 이롭게 할 바로, 세간의 모든 천신들과 사람들을 가엾게 여기려 하여, 이와 같은 보살이 닦는 청정한 행을 물었습니다.

불자여, 그대가 진실한 법에 머무르고 큰 정진을 일으켜 증장하고 물러나지 아니하여, 이미 해탈을 얻고 능히 이 질문을 하니 여래와 같습니다.

력   위여어중   설기소분
力하야 爲汝於中에 說其少分호리라

불자   보살마하살   이발일체지심   응리
佛子야 菩薩摩訶薩이 已發一切智心인댄 應離

치암   정근수호   무령방일
癡暗하고 精勤守護하야 無令放逸이니라

불자   보살마하살   주십종법   명불방일
佛子야 菩薩摩訶薩이 住十種法을 名不放逸이니라

하자   위십
何者가 爲十고

일자   호지중계   이자   원리우치   정보
一者는 護持衆戒요 二者는 遠離愚癡하야 淨菩

자세히 듣고 자세히 들어서 잘 생각할지니, 내가 이제 부처님의 위신력을 받들어 그대를 위해 그 가운데서 조금 말하겠습니다.

불자여, 보살마하살이 일체 지혜의 마음을 이미 내었으면, 마땅히 어리석음을 여의고 부지런히 수호하여 하여금 방일함이 없게 해야 한다.

불자여, 보살마하살이 열 가지 법에 머무름을 방일하지 않음이라 이름한다.

무엇이 열인가?

첫째는 여러 가지 계를 보호하여 지님이고,

리심　　삼자　심락질직　　이제첨광
提心_{이요} 三者_는 心樂質直_{하야} 離諸諂誑_{이요}

사자　근수선근　　무유퇴전　오자　항선
四者_는 勤修善根_{하야} 無有退轉_{이요} 五者_는 恒善

사유자소발심　　육자　불락친근재가출가
思惟自所發心_{이요} 六者_는 不樂親近在家出家

일체범부
一切凡夫_요

칠자　수제선업　이불원구세간과보　팔
七者_는 修諸善業_{호대} 而不願求世間果報_요 八

자　영리이승　행보살도
者_는 永離二乘_{하고} 行菩薩道_요

구자　낙수중선　영부단절　십자　항
九者_는 樂修衆善_{하야} 令不斷絶_{이요} 十者_는 恒

선관찰자상속력
善觀察自相續力_{이라}

둘째는 어리석음을 멀리 여의어 보리심을 깨끗하게 함이고, 셋째는 마음이 질박하고 정직함을 즐겨하여 모든 아첨과 속임을 여읨이다.

넷째는 부지런히 선근을 닦아 퇴전하지 아니함이고, 다섯째는 스스로 발심한 것을 항상 잘 사유함이고, 여섯째는 집에 있거나 출가한 일체 범부에게 친근하기를 즐겨하지 아니함이다.

일곱째는 모든 선한 업을 닦되 세간의 과보 구하기를 원하지 아니함이고, 여덟째는 이승을 영원히 여의고 보살도를 행함이다.

아홉째는 모든 선을 즐겨 닦아서 끊어지지 않게 함이고, 열째는 스스로 상속하는 힘을

14

불자　　약제보살　　행차십법　　시즉명위주
佛子야 若諸菩薩이 行此十法하면 是則名爲住

불방일
不放逸이니라

불자　　보살마하살　　주불방일　　득십종청
佛子야 菩薩摩訶薩이 住不放逸에 得十種淸

정
淨하나니라

하자　위십
何者가 爲十고

일자　　여설이행　　이자　　염지성취
一者는 如說而行이요 二者는 念智成就요

삼자　　주어심정　　　불침불거　사자　　낙구
三者는 住於深定하야 不沈不擧요 四者는 樂求

항상 잘 관찰함이다.

불자여, 만약 모든 보살들이 이 열 가지 법을 행하면 이것을 곧 이름하여 방일하지 않음에 머무르는 것이라 한다.

불자여, 보살마하살이 불방일에 머무르면 열 가지 청정함을 얻는다.

무엇이 열인가?

첫째는 설하심과 같이 행함이고, 둘째는 생각과 지혜를 성취함이다.

셋째는 깊은 선정에 머물러 혼침하거나 들뜨지 아니함이고, 넷째는 불법 구하기를 즐겨하

불법 　무유해식
佛法하야 無有懈息이요

오자 　수소문법여리관찰 　구족출생
五者는 隨所聞法如理觀察하야 具足出生

교묘지혜 육자 입심선정 득불신통
巧妙智慧요 六者는 入深禪定하야 得佛神通이요

칠자 기심평등 　무유고하 팔자 어제
七者는 其心平等하야 無有高下요 八者는 於諸

중생상중하류 심무장애 유여대지 등
衆生上中下類에 心無障礙가 猶如大地하야 等

작이익
作利益이요

구자 약견중생 내지일발보리지심 존
九者는 若見衆生이 乃至一發菩提之心이라도 尊

중승사 유여화상 십자 어수계화상
重承事를 猶如和尙이요 十者는 於授戒和尙과

여 게으름이 없음이다.

다섯째는 들은 법을 따라 이치대로 관찰하여 교묘한 지혜를 구족하게 출생함이고, 여섯째는 깊은 선정에 들어가 부처님의 신통을 얻음이다.

일곱째는 그 마음이 평등하여 높고 낮음이 없음이고, 여덟째는 모든 중생들의 상중하 부류에 마음이 장애가 없는 것이 마치 대지와 같이 평등하게 이익을 지음이다.

아홉째는 만약 중생이 내지는 한 번 보리의 마음을 일으킴만 보아도 존중하여 받들어 섬기기를 마치 화상과 같이 함이고, 열째는 수계

급아사리　일체보살　제선지식　법사지소
及阿闍梨와 一切菩薩과 諸善知識과 法師之所에

상생존중　　승사공양
常生尊重하야 承事供養이라

불자　시명보살　주불방일십종청정
佛子야 是名菩薩의 住不放逸十種清淨이니라

불자　보살마하살　주불방일　　발대정
佛子야 菩薩摩訶薩이 住不放逸하야 發大精

진　　기어정념　생승욕락　소행불식
進하며 起於正念하며 生勝欲樂하며 所行不息하며

어일체법　심무의처
於一切法에 心無依處하니라

어심심법　능근수습　입무쟁문　증광
於甚深法에 能勤修習하며 入無諍門하며 增廣

화상과 그리고 아사리와 일체 보살과 모든 선
지식들과 법사의 처소에 항상 존중함을 내어
서 받들어 섬기고 공양함이다.

불자여, 이것을 이름하여 보살이 불방일에
머무르는 열 가지 청정이라 한다.

불자여, 보살마하살이 불방일에 머무르고는
큰 정진을 내며, 바른 생각을 일으키며, 수승
한 욕락을 내며, 행하는 일을 쉬지 아니하며,
일체 법에 마음이 의지하는 데가 없다.

매우 깊은 법을 능히 부지런히 닦아 익히며,
다툼이 없는 문에 들어가며, 넓고 큰 마음을 더

대심 불법무변 능순요지 영제여래
大心하며 佛法無邊을 能順了知일새 令諸如來로

개실환희
皆悉歡喜니라

불자 보살마하살 부유십법 능령일체
佛子야 菩薩摩訶薩이 復有十法하야 能令一切

제불환희
諸佛歡喜하나니라

하등 위십
何等이 爲十고

일자 정진불퇴 이자 불석신명 삼자
一者는 精進不退요 二者는 不惜身命이요 三者는

어제이양 무유희구 사자 지일체법 개
於諸利養에 無有希求요 四者는 知一切法이 皆

여허공 오자 선능관찰 보입법계
如虛空이요 五者는 善能觀察하야 普入法界요

하며, 불법의 가없음을 능히 수순하여 분명히 알아서 모든 여래께서 모두 다 환희하시게 한다.

불자여, 보살마하살이 다시 열 가지 법이 있어서 능히 일체 모든 부처님께서 환희하시게 한다.

무엇이 열인가?

첫째는 정진하여 물러서지 않음이고, 둘째는 몸과 목숨을 아끼지 않음이고, 셋째는 모든 이양을 바라고 구하지 않음이고, 넷째는 일체 법이 다 허공과 같음을 앎이고, 다섯째는 잘 능히 관찰하여 법계에 널리 들어감이다.

여섯째는 모든 법인을 알아서 마음이 집착함

육자　　지제법인　　심무의착　　칠자　　상
六者는 知諸法印하야 心無倚著이요 七者는 常

발대원　　팔자　　성취청정인지광명
發大願이요 八者는 成就淸淨忍智光明이요

구자　　관자선법　　심무증감　　십자　　의무
九者는 觀自善法에 心無增減이요 十者는 依無

작문　　수제정행
作門하야 修諸淨行이라

불자　시위보살　주십종법　　능령일체여
佛子야 是爲菩薩이 住十種法하야 能令一切如

래환희
來歡喜니라

불자　부유십법　　능령일체제불환희
佛子야 復有十法하야 能令一切諸佛歡喜하나니라

하자　　위십
何者가 爲十고

이 없음이고, 일곱째는 항상 큰 서원을 일으킴이고, 여덟째는 청정한 법인인 지혜의 광명을 성취함이다.

아홉째는 스스로의 선한 법을 관찰하여 마음이 늘어나거나 줄어듦이 없음이고, 열째는 지음이 없는 문을 의지하여 모든 깨끗한 행을 닦음이다.

불자여, 이것을 보살이 열 가지 법에 머물러 능히 일체 여래께서 환희하시게 함이라 한다.

불자여, 다시 열 가지 법이 있어서 능히 일체 모든 부처님께서 환희하시게 한다.

무엇이 열인가?

소위안주불방일　안주무생인　안주대자
所謂安住不放逸과 安住無生忍과 安住大慈와

안주대비
安住大悲니라

안주만족제바라밀　안주제행　안주대원
安住滿足諸波羅蜜과 安住諸行과 安住大願과

안주교방편
安住巧方便이니라

안주용맹력　안주지혜　관일체법　개무
安住勇猛力과 安住智慧라 觀一切法이 皆無

소주　유여허공
所住가 猶如虛空이니라

불자　약제보살　주차십법　능령일체제
佛子야 若諸菩薩이 住此十法하면 能令一切諸

불환희
佛歡喜니라

이른바 불방일에 편안히 머무르며, 무생인에 편안히 머무르며, 대자에 편안히 머무르며, 대비에 편안히 머무른다.

만족한 모든 바라밀에 편안히 머무르며, 모든 행에 편안히 머무르며, 큰 서원에 편안히 머무르며, 공교한 방편에 편안히 머무른다.

용맹한 힘에 편안히 머무르며, 지혜에 편안히 머무른다. 일체 법이 다 머무르는 바가 없는 것이 마치 허공과 같음을 관찰함이다.

불자여, 만약 모든 보살들이 이 열 가지 법에 머무르면 능히 일체 모든 부처님께서 환희하시게 한다.

불자 유십종법 영제보살 속입제지
佛子야 有十種法하야 令諸菩薩로 速入諸地하나니라

하등 위십
何等이 爲十고

일자 선교원만복지이행 이자 능대장
一者는 善巧圓滿福智二行이요 二者는 能大莊

엄 바라밀도
嚴波羅蜜道요

삼자 지혜명달 불수타어 사자 승사
三者는 智慧明達하야 不隨他語요 四者는 承事

선우 항불사리
善友하야 恒不捨離요

오자 상행정진 무유해태 육자 선능
五者는 常行精進하야 無有懈怠요 六者는 善能

안주여래신력
安住如來神力이요

불자여, 열 가지 법이 있어서 모든 보살들로

하여금 모든 지위에 빨리 들어가게 한다.

무엇이 열인가?

첫째는 복덕과 지혜의 두 가지 행을 선교로

원만하게 함이며, 둘째는 능히 바라밀의 도를

크게 장엄함이다.

셋째는 지혜가 밝게 통달하여 다른 이의 말

을 따르지 않음이며, 넷째는 좋은 벗을 받들

어 섬기고 항상 떠나지 않음이다.

다섯째는 항상 정진을 행하여 게으르지 않

음이며, 여섯째는 잘 능히 여래의 신통한 힘에

편안히 머무름이다.

칠자　　수제선근　　불생피권　　팔자　　심심
七者는 修諸善根호대 不生疲倦이요 八者는 深心

이지　　이대승법　　이자장엄
利智가 以大乘法으로 而自莊嚴이요

구자　　어지지법문　　심무소주　　십자　　여삼
九者는 於地地法門에 心無所住요 十者는 與三

세불선근방편　　동일체성
世佛善根方便으로 同一體性이라

불자　　차십종법　　영제보살　　속입제지
佛子야 此十種法이 令諸菩薩로 速入諸地니라

부차불자　　제보살　　초주지시　　응선관찰
復次佛子야 諸菩薩이 初住地時에 應善觀察호대

수기소유일체법문　　수기소유심심지혜
隨其所有一切法門하며 隨其所有甚深智慧하며

수소수인　　수소득과　　수기경계　　수기
隨所修因하며 隨所得果하며 隨其境界하며 隨其

일곱째는 모든 선근을 닦는 데 피로해하거나 게으름을 내지 않음이며, 여덟째는 깊은 마음과 밝은 지혜가 대승법으로써 스스로 장엄함이다.

아홉째는 지위와 지위 법문에 마음이 머무르는 바가 없음이며, 열째는 삼세 부처님의 선근과 방편으로 더불어 체성이 동일함이다.

불자여, 이 열 가지 법이 모든 보살들로 하여금 모든 지위에 빨리 들어가게 한다.

다시 또 불자여, 모든 보살들이 처음 지위에 머무르는 때에 마땅히 잘 관찰해야 한다. 그 있는 바 일체 법문을 따르며, 그 있는 바 매우

역용　　수기시현　　수기분별　　수기소득
力用하며 隨其示現하며 隨其分別하며 隨其所得하야

실선관찰　　지일체법　　개시자심　　이무
悉善觀察하야 知一切法이 皆是自心하야 而無

소착
所著이라

여시지이　　입보살지　　능선안주
如是知已에 入菩薩地하야 能善安住니라

불자　　피제보살　　작시사유　　아등　　의응
佛子야 彼諸菩薩이 作是思惟호대 我等이 宜應

속입제지
速入諸地니라

하이고
何以故오

아등　　약어지지중주　　성취여시광대공
我等이 若於地地中住하면 成就如是廣大功

깊은 지혜를 따르며, 닦을 바 인을 따르며, 얻을 바 과를 따르며, 그 경계를 따르며, 그 힘의 작용을 따르며, 그 나타내 보임을 따르며, 그 분별을 따르며, 그 얻을 바를 따라서, 모두 잘 관찰하여 일체 법이 다 자기 마음임을 알아서 집착하는 바가 없다.

이와 같이 알고 나서 보살의 지위에 들어가 능히 잘 편안하게 머무른다.

불자여, 저 모든 보살들이 이 사유를 하되 '우리들이 마땅히 빨리 모든 지위에 들어가야 한다.' 라고 한다.

무슨 까닭인가?

덕
德이니라

구공덕이　점입불지　주불지이　능작무
具功德已에 漸入佛地하며 住佛地已에 能作無

변광대불사
邊廣大佛事라

시고　의응상근수습　무유휴식　무유
是故로 宜應常勤修習하야 無有休息하고 無有

피염　이대공덕　이자장엄　입보살
疲厭하야 以大功德으로 而自莊嚴하야 入菩薩

지
地니라

불자　유십종법　영제보살　소행청정
佛子야 有十種法하야 令諸菩薩로 所行淸淨하나니라

우리가 만약 지위와 지위에 머무르면 이와 같은 넓고 큰 공덕을 성취할 것이다.

공덕을 구족하고는 점점 부처님 지위에 들어가며, 부처님 지위에 머무르고는 능히 가없는 넓고 큰 불사를 지을 것이다.

그러므로 마땅히 항상 부지런히 닦아서 쉬지 아니하고, 피로해하거나 싫어함이 없어서 큰 공덕으로써 스스로 장엄하여 보살의 지위에 들어갈 것이다.

불자여, 열 가지 법이 있어서 모든 보살들로 하여금 행하는 일을 청정하게 한다.

하등 위십
何等이 爲十고

일자 실사자재 만중생의 이자 지계
一者는 悉捨資財하야 滿衆生意요 二者는 持戒

청정 무소훼범 삼자 유화인욕 무
淸淨하야 無所毀犯이요 三者는 柔和忍辱하야 無

유궁진
有窮盡이요

사자 근수제행 영불퇴전 오자 이정
四者는 勤修諸行하야 永不退轉이요 五者는 以正

념력 심무미란
念力으로 心無迷亂이요

육자 분별요지무량제법 칠자 수일체
六者는 分別了知無量諸法이요 七者는 修一切

행 이무소착 팔자 기심부동 유여
行호대 而無所著이요 八者는 其心不動이 猶如

무엇이 열인가?

첫째는 재물을 모두 보시하여 중생의 뜻을 만족케 함이고, 둘째는 계를 지님이 청정하여 범하지 아니함이고, 셋째는 부드럽고 온화하고 인욕하여 끝까지 다함이 없음이다.

넷째는 부지런히 모든 행을 닦아 영원히 퇴전하지 않음이고, 다섯째는 바른 생각의 힘으로 마음이 미혹하고 산란함이 없음이다.

여섯째는 한량없는 모든 법을 분별하여 분명히 앎이고, 일곱째는 일체의 행을 닦되 집착하는 바가 없음이고, 여덟째는 그 마음이 동요하지 아니함이 마치 산왕과 같음이다.

산 왕
山王_{이요}

구자　광도중생　유여교량　　십자　지일
九者_는 廣度衆生_을 猶如橋梁_{이요} 十者_는 知一

체중생　여제여래　동일체성
切衆生_이 與諸如來_로 同一體性_{이라}

불자　시위십법　영제보살　소행청정
佛子_야 是爲十法_{이니} 令諸菩薩_로 所行淸淨_{이니라}

보살　기득행청정이　부획십종증승법
菩薩_이 旣得行淸淨已_에 復獲十種增勝法_{하나니라}

하등　위십
何等_이 爲十_고

일자　타방제불　개실호념　　이자　선근
一者_는 他方諸佛_이 皆悉護念_{이요} 二者_는 善根

증승　초제등렬　삼자　선능영수불가
增勝_{하야} 超諸等列_{이요} 三者_는 善能領受佛加

아홉째는 중생들을 널리 제도하기를 마치 다리와 같이 함이고, 열째는 일체 중생이 모든 여래와 더불어 체성이 동일함을 앎이다.

불자여, 이것이 열 가지 법이니 모든 보살들로 하여금 행하는 바를 청정하게 한다.

보살이 이미 행을 청정하게 하고서는 다시 열 가지 더욱 수승한 법을 얻는다.

무엇이 열인가?

첫째는 다른 세계의 모든 부처님께서 모두 다 호념하심이며, 둘째는 선근이 더욱 수승하여 모든 등위를 초월함이며, 셋째는 부

지력
持力이요

사자　　상득선인　　위소의호　　오자　　안주
四者는 常得善人하야 爲所依怙요 五者는 安住

정진　　　항불방일　　육자　지일체법　평등
精進하야 恒不放逸이요 六者는 知一切法이 平等

무이
無異요

칠자　심항안주무상대비　　팔자　　여실관
七者는 心恒安住無上大悲요 八者는 如實觀

법　　출생묘혜
法하야 出生妙慧요

구자　　능선수행교묘방편　　십자　　능지여래
九者는 能善修行巧妙方便이요 十者는 能知如來

방편지력
方便之力이라

처님의 가지하시는 힘을 잘 능히 받아들임이다.

넷째는 항상 좋은 사람을 만나서 의지하는 바가 됨이며, 다섯째는 정진에 편안히 머물러서 항상 방일하지 않음이며, 여섯째는 일체 법이 평등하여 다름이 없음을 앎이다.

일곱째는 마음이 항상 위없는 대비에 편안히 머무름이며, 여덟째는 여실히 법을 관하여 묘한 지혜를 출생함이다.

아홉째는 능히 잘 교묘한 방편을 수행함이며, 열째는 능히 여래의 방편의 힘을 앎이다.

불자여, 이것이 보살의 열 가지 더욱 수승한

불자 시위보살 십종증승법
佛子야 是爲菩薩의 十種增勝法이니라

불자 보살 유십종청정원
佛子야 菩薩이 有十種淸淨願하나니라

하등 위십
何等이 爲十고

일 원성숙중생 무유피권 이 원구행
一은 願成熟衆生호대 無有疲倦이요 二는 願具行

중선 정제세계 삼 원승사여래 상생
衆善하야 淨諸世界요 三은 願承事如來하야 常生

존중
尊重이요

사 원호지정법 불석구명 오 원이지
四는 願護持正法하야 不惜軀命이요 五는 願以智

법이다.

불자여, 보살이 열 가지 청정한 서원이 있다.
무엇이 열인가?

첫째는 중생을 성숙시키는 데 피로하거나 게
으름이 없기를 원함이며, 둘째는 온갖 선을 갖
추어 행하여 모든 세계를 깨끗이 하기를 원함
이며, 셋째는 여래를 받들어 섬겨 항상 존중하
기를 원함이다.

넷째는 정법을 보호해 지녀서 목숨을 아끼지
않기를 원함이며, 다섯째는 지혜로 관찰하여
모든 부처님 국토에 들어가기를 원함이며, 여

관찰　　입제불토　육　원여제보살　동일
觀察_{하야} 入諸佛土_요 六_은 願與諸菩薩_로 同一

체성
體性_{이요}

칠　원입여래문　　요일체법　팔　원견
七_은 願入如來門_{하야} 了一切法_{이요} 八_은 願見

자생신　　무불획익
者生信_{하야} 無不獲益_{이요}

구　원신력주세　진미래겁　십　원구
九_는 願神力住世_{하야} 盡未來劫_{이요} 十_은 願具

보현행　정치일체종지지문
普賢行_{하야} 淨治一切種智之門_{이라}

불자　시위보살　십종청정원
佛子_야 是爲菩薩_의 十種淸淨願_{이니라}

불자　보살　주십종법　영제대원　개
佛子_야 菩薩_이 住十種法_{하야} 令諸大願_{으로} 皆

섯째는 모든 보살들과 더불어 체성이 동일하기를 원함이다.

일곱째는 여래의 문에 들어가 일체 법을 알기를 원함이며, 여덟째는 보는 이가 신심을 내어 이익을 얻지 못함이 없기를 원함이다.

아홉째는 신통한 힘이 세상에 머물러 미래 겁을 다하기를 원함이며, 열째는 보현행을 갖추어 일체종지의 문을 깨끗이 다스리기를 원함이다.

불자여, 이것이 보살의 열 가지 청정한 서원이다.

불자여, 보살이 열 가지 법에 머물러 모든

득원만
得圓滿하나니라

하등 위십
何等이 爲十고

일자 심무피염 이자 구대장엄 삼
一者는 心無疲厭이요 二者는 具大莊嚴이요 三

자 염제보살수승원력
者는 念諸菩薩殊勝願力이요

사자 문제불토 실원왕생 오자 심심
四者는 聞諸佛土하고 悉願往生이요 五者는 深心

장구 진미래겁 육자 원실성취일체중
長久하야 盡未來劫이요 六者는 願悉成就一切衆

생 칠자 주일체겁 불이위노
生이요 七者는 住一切劫호대 不以爲勞요

팔자 수일체고 불생염리 구자 어일
八者는 受一切苦호대 不生厭離요 九者는 於一

큰 원을 다 원만하게 한다.

무엇이 열인가?

첫째는 마음이 피로해하거나 싫어함이 없음이며, 둘째는 큰 장엄을 갖춤이며, 셋째는 모든 보살들의 수승한 원력을 생각함이다.

넷째는 모든 부처님의 국토를 듣고 모두 왕생하기를 원함이며, 다섯째는 깊은 마음이 장구하여 미래의 겁을 다함이며, 여섯째는 일체 중생을 모두 성취하기를 원함이며, 일곱째는 일체 겁에 머무르되 피로하게 여기지 아니함이다.

여덟째는 일체 고통을 받아도 싫어해 떠날 생각을 내지 아니함이며, 아홉째는 일체 즐거

체락　심무탐착　　십자　상근수호무상법
切樂에 心無貪著이요 十者는 常勤守護無上法

문
門이니라

불자　보살　만족여시원시　즉득십종무진
佛子야 菩薩이 滿足如是願時에 卽得十種無盡

장
藏하나니라

하등　위십
何等이 爲十고

소위보견제불무진장　총지불망무진장
所謂普見諸佛無盡藏과 惣持不忘無盡藏과

결료제법무진장　대비구호무진장
決了諸法無盡藏과 大悲救護無盡藏이니라

움에 마음이 탐착하지 아니함이며, 열째는 위없는 법문을 항상 부지런히 수호함이다.

불자여, 보살이 이와 같은 서원을 만족할 때에 곧 열 가지 무진장을 얻는다.

무엇이 열인가?

이른바 널리 모든 부처님을 친견하는 무진장과, 모두 지니어 잊지 않는 무진장과, 모든 법을 결정코 아는 무진장과, 대비로 구호하는 무진장이다.

갖가지 삼매의 무진장과, 중생의 마음을 만족하게 하는 넓고 큰 복덕의 무진장과, 일체

종종삼매무진장　만중생심광대복덕무진
種種三昧無盡藏과 滿衆生心廣大福德無盡

장　연일체법심심지혜무진장
藏과 演一切法甚深智慧無盡藏이니라

보득신통무진장　주무량겁무진장　입
報得神通無盡藏과 住無量劫無盡藏과 入

무변세계무진장
無邊世界無盡藏이라

불자　시위보살　십무진장
佛子야 是爲菩薩의 十無盡藏이니라

보살　득시십종장이　복덕구족　지혜청
菩薩이 得是十種藏已에 福德具足하고 智慧淸

정　어제중생　수기소응　이위설법
淨하야 於諸衆生에 隨其所應하야 而爲說法이니라

법을 연설하는 매우 깊은 지혜의 무진장이다.

과보로 얻은 신통의 무진장과, 한량없는 겁에 머무르는 무진장과, 가없는 세계에 들어가는 무진장이다.

불자여, 이것이 보살의 열 가지 무진장이다.

보살이 이 열 가지 무진장을 얻고는 복덕이 구족하고 지혜가 청정하여 모든 중생들에게 그 마땅한 바를 따라서 법을 설한다.

불자여, 보살이 어떻게 모든 중생들에게 그 마땅한 바를 따라서 법을 설하는가?

이른바 그 짓는 것을 알며 그 인연을 알며

불자   보살   운하어제중생   수기소응
佛子야 菩薩이 云何於諸衆生에 隨其所應하야

이위설법
而爲說法고

소위지기소작   지기인연   지기심행
所謂知其所作하며 知其因緣하며 知其心行하며

지기욕락   탐욕다자   위설부정   진에
知其欲樂하야 貪欲多者란 爲說不淨하고 瞋恚

다자   위설대자   우치다자   교근관찰
多者란 爲說大慈하고 愚癡多者란 敎勤觀察하고

삼독등자   위설성취승지법문
三毒等者란 爲說成就勝智法門하니라

낙생사자   위설삼고   약착처소   설처
樂生死者란 爲說三苦하고 若著處所어든 說處

공적   심해태자   설대정진
空寂하고 心懈怠者는 說大精進하니라

그 마음의 행을 알며 그 욕락을 알아서, 탐욕이 많은 자는 위하여 부정함을 말하고, 성냄이 많은 자는 위하여 대자를 말하고, 어리석음이 많은 자는 부지런히 관찰함을 가르치며, 세 가지 독이 동등한 자는 위하여 수승한 지혜를 성취하는 법문을 말한다.

생사를 좋아하는 자에게는 세 가지 괴로움을 말하고, 만약 처소에 집착하면 처소가 공적함을 말하고, 마음이 게으른 자에게는 크게 정진함을 말한다.

아만을 품은 자에게는 법의 평등함을 말하고, 아첨하고 거짓이 많은 자에게는 보살의 그

회아만자　　설법평등　　다첨광자　　위설보
懷我慢者는 說法平等하고 多諂誑者는 爲說菩

살　　기심질직　　낙적정자　　광위설법
薩의 其心質直하고 樂寂靜者는 廣爲說法하야

영기성취
令其成就니라

보살　　여시수기소응　　이위설법
菩薩이 如是隨其所應하야 而爲說法이니라

위설법시　　문상연속　　의무괴류　　관법
爲說法時에 文相連屬하고 義無舛謬하며 觀法

선후　　이지분별　　시비심정　　불위법
先後하야 以智分別하며 是非審定하야 不違法

인　　차제건립무변행문　　영제중생　　단
印하며 次第建立無邊行門하야 令諸衆生으로 斷

마음이 질직함을 말하고, 적정함을 좋아하는 자에게는 널리 법을 말하여 그로 하여금 성취케 한다.

보살이 이와 같이 그 마땅한 바를 따라서 법을 설한다.

법을 설할 때에 글이 서로 연속하고 뜻에 잘못이 없으며, 법의 앞과 뒤를 관찰하여 지혜로 분별하며, 옳고 그름을 살펴 정해서 법인에 어긋나지 아니하며, 가없는 행의 문을 차례로 건립하여 모든 중생들로 하여금 일체 의심을 끊게 한다.

일체의
一切疑하나니라

선지제근　입여래교　증진실제　지법
善知諸根하야 入如來敎하며 證眞實際하야 知法

평등　단제법애　제일체집　상념제
平等하며 斷諸法愛하야 除一切執하며 常念諸

불　심무잠사
佛하야 心無暫捨하나니라

요지음성　체성평등　어제언설　심무소
了知音聲의 體性平等하며 於諸言說에 心無所

착　교설비유　무상위반　실령득오일
著호대 巧說譬諭하야 無相違反하며 悉令得悟一

체제불　수응보현평등지신
切諸佛의 隨應普現平等智身하나니라

모든 근성을 잘 알아서 여래의 가르침에 들며, 진실의 끝까지 증득하여 법의 평등을 알며, 모든 법의 애착을 끊어 일체 집착을 제하며, 항상 모든 부처님을 생각하여 마음에 잠깐도 버림이 없다.

음성의 체성이 평등함을 분명히 알며, 모든 언설에 마음이 집착하는 바가 없되 교묘하게 비유를 말하여 서로 위반함이 없으며, 일체 모든 부처님의 마땅함을 따라 널리 나타내는 평등한 지혜의 몸을 모두 깨닫게 한다.

보살　여시위제중생　　이연설법　　즉자수
菩薩이 如是爲諸衆生하야 而演說法하고 則自修

습　　증장의리　　불사제도　　구족장엄바
習하야 增長義利호대 不捨諸度하야 具足莊嚴波

라밀도
羅蜜道니라

시시　　보살　위령중생　　심만족고　　내
是時에 菩薩이 爲令衆生으로 心滿足故로 內

외실사　　이무소착　　시즉능정단바라
外悉捨호대 而無所著하나니 是則能淨檀波羅

밀
蜜이니라

구지중계　　이무소착　　영리아만　　　시
具持衆戒호대 而無所著하야 永離我慢하나니 是

즉능정시바라밀
則能淨尸波羅蜜이니라

보살이 이와 같이 모든 중생들을 위하여 법을 연설하고 곧 스스로 닦아 익혀서 의리를 증장하되 모든 바라밀을 버리지 아니하여 바라밀의 도를 구족하게 장엄한다.

이때에 보살이 중생들로 하여금 마음이 만족케 하기 위하여 안팎으로 모두 버리되 집착하는 바가 없다. 이것이 곧 보시바라밀을 능히 청정하게 하는 것이다.

모든 계를 갖추어 지니되 집착하는 바가 없어서 아만을 영원히 여읜다. 이것이 곧 지계바라밀을 능히 청정하게 하는 것이다.

일체 모든 악한 것을 모두 능히 참아 받아들

실능인수일체제악　　어제중생　　기심평
悉能忍受一切諸惡호대 於諸衆生에 其心平

등　　무유동요　　비여대지　　능지일체
等하야 無有動搖가 譬如大地가 能持一切하나니

시즉능정인바라밀
是則能淨忍波羅蜜이니라

보발중업　　상수미해　　제유소작　　항불
普發衆業하야 常修靡懈하며 諸有所作에 恒不

퇴전　　용맹세력　　무능제복　　어제공덕
退轉하며 勇猛勢力을 無能制伏하며 於諸功德에

불취불사　　이능만족일체지문　　시즉능
不取不捨하야 而能滿足一切智門하나니 是則能

정정진바라밀
淨精進波羅蜜이니라

어오욕경　　무소탐착　　제차제정　　실능성
於五欲境에 無所貪著하며 諸次第定을 悉能成

이되 모든 중생들에게 그 마음이 평등하여 흔들림이 없는 것이 마치 대지가 일체를 능히 지니는 것과 같다. 이것이 곧 인욕바라밀을 능히 청정하게 하는 것이다.

온갖 업을 널리 일으켜 항상 닦아 게으르지 아니하며, 모든 짓는 일에 항상 퇴전하지 아니하며, 용맹한 세력을 능히 제어하여 조복함이 없으며, 모든 공덕을 취하지도 아니하고 버리지도 아니하여 능히 일체 지혜의 문을 만족한다. 이것이 곧 정진바라밀을 능히 청정하게 하는 것이다.

다섯 가지 욕망의 경계에 탐내어 집착하는 바가 없으며, 모든 차례로 닦는 선정을 모두

취 상정사유 부주불출 이능소멸일
就하며 常正思惟하야 不住不出하며 而能銷滅一

체번뇌 출생무량제삼매문 성취무변
切煩惱하며 出生無量諸三昧門하며 成就無邊

대신통력
大神通力하나니라

역순차제 입제삼매 어일삼매문 입무
逆順次第로 入諸三昧하며 於一三昧門에 入無

변삼매문 실지일체삼매경계 여일체
邊三昧門하며 悉知一切三昧境界하며 與一切

삼매 삼마발저지인 불상위배 능속
三昧와 三摩鉢底智印으로 不相違背하며 能速

입어일체지지 시즉능정선바라밀
入於一切智地하나니라 是則能淨禪波羅蜜이니라

어제불소 문법수지 근선지식 승사
於諸佛所에 聞法受持하며 近善知識하야 承事

능히 성취하며, 항상 바르게 사유하여 머무르지도 않고 벗어나지도 아니하며, 일체 번뇌를 능히 소멸하며, 한량없는 모든 삼매문을 출생하며, 가없는 큰 신통력을 성취한다.

거스르고 수순하는 차례로 모든 삼매에 들며, 한 삼매문에서 가없는 삼매문에 들어가며, 일체 삼매의 경계를 다 알며, 일체 삼매와 삼마발저와 지혜의 인과 더불어 서로 어기지 아니하여, 능히 일체 지혜의 지위에 빨리 들어간다. 이것이 곧 선정바라밀을 능히 청정하게 하는 것이다.

모든 부처님 처소에서 법을 듣고 받아 지니며, 선지식을 친근하여 받들어 섬기는 데 게

불권 　 상락문법 　 심무염족 　 수소청
不倦하며 常樂聞法하야 心無厭足하며 隨所聽

수 　 여리사유
受하야 如理思惟하나니라

입진삼매 　 이제벽견 　 선관제법 　 득실
入眞三昧하야 離諸僻見하며 善觀諸法하야 得實

상인 　 요지여래 　 무공용도 　 승보문혜
相印하며 了知如來의 無功用道하며 乘普門慧하고

입 어일체지지지문 　 영득휴식 　 시즉
入於一切智智之門하야 永得休息하나니라 是則

능 정반야바라밀
能淨般若波羅蜜이니라

시현일체세간작업 　 교화중생 　 이불염
示現一切世間作業하며 敎化衆生호대 而不厭

권 　 수기심락 　 이위현신 　 일체소행
倦하며 隨其心樂하야 而爲現身하며 一切所行에

으르지 아니하며, 항상 법문 듣기를 즐겨하여 마음에 만족해 싫어함이 없으며, 들은 바를 따라 이치대로 사유한다.

참 삼매에 들어 모든 치우친 소견을 여의며, 모든 법을 잘 관찰하여 실상인을 얻으며, 여래의 공용 없는 도를 분명히 알며, 넓은 문의 지혜를 타고 일체지지의 문에 들어가서 영원히 휴식함을 얻는다. 이것이 곧 반야바라밀을 능히 청정하게 하는 것이다.

일체 세간에서 업 지음을 나타내 보이며, 중생을 교화하되 싫어하거나 게으르지 아니하며, 그 마음의 즐거함을 따라 몸을 나타내며,

개무염착
皆無染著하나니라

혹현범부　혹현성인　소행지행　혹현
或現凡夫하고 或現聖人의 所行之行하며 或現

생사　혹현열반
生死하고 或現涅槃하나니라

선능관찰일체소작　시현일체제장엄사
善能觀察一切所作하며 示現一切諸莊嚴事호대

이불탐착　변입제취　도탈중생　시즉
而不貪著하며 徧入諸趣하며 度脫衆生하나니라 是則

능정방편바라밀
能淨方便波羅蜜이니라

진성취일체중생　진장엄일체세계　진
盡成就一切衆生하며 盡莊嚴一切世界하며 盡

공양일체제불　진통달무장애법　진수
供養一切諸佛하며 盡通達無障礙法하며 盡修

일체 행하는 일에 다 염착함이 없다.

혹은 범부를 나타내고 혹은 성인의 행하는 행을 나타내며, 혹은 생사를 나타내고 혹은 열반을 나타낸다.

일체 지을 것을 잘 능히 관찰하며, 일체 모든 장엄하는 일을 나타내 보이되 탐착하지 아니하며, 모든 갈래에 두루 들어가 중생을 제도해 해탈케 한다. 이것이 곧 방편바라밀을 능히 청정하게 하는 것이다.

일체 중생을 다 성취하며, 일체 세계를 다 장엄하며, 일체 모든 부처님께 다 공양올리며, 장애 없는 법을 다 통달하며, 법계에 두루한

행변법계행　　　신항주진미래겁　　　지진 지
行徧法界行하며　身恒住盡未來劫하며　智盡知

일체심념　　　진각오유전환멸　　　진시현일
一切心念하며　盡覺悟流轉還滅하며　盡示現一

체국토　　　진증득여래지혜　　　시즉능정
切國土하며　盡證得如來智慧하나니라　是則能淨

원바라밀
願波羅蜜이니라

구심심력　　　무유잡염고　　　구심신력　　　무
具深心力하야　無有雜染故며　具深信力하야　無

능최복고　　구대비력　　　불생피염고　　　구대
能摧伏故며　具大悲力하야　不生疲厭故며　具大

자력　　　소행평등고
慈力하야　所行平等故니라

구총지력　　　능이방편　　　지일체의고　　　구
具摠持力하야　能以方便으로　持一切義故며　具

행을 다 수행하며, 몸은 미래겁이 다하도록 항
상 머무르며, 지혜는 일체 마음을 다 알며, 유
전하고 환멸함을 다 깨달으며, 일체 국토를 다
나타내 보이며, 여래의 지혜를 다 증득한다.
이것이 곧 원바라밀을 청정하게 하는 것이다.

깊은 마음의 힘을 갖추어 잡염이 없는 까닭
이며, 깊이 믿는 힘을 갖추어 능히 꺾어 조복
함이 없는 까닭이며, 대비의 힘을 갖추어 피
로해하거나 싫어함을 내지 않는 까닭이며, 대
자의 힘을 갖추어 행하는 바가 평등한 까닭
이다.

총지의 힘을 갖추어 능히 방편으로 일체 뜻을

변재력   영일체중생   환희만족고   구
辯才力하야 令一切衆生으로 歡喜滿足故며 具

바라밀력   장엄대승고
波羅蜜力하야 莊嚴大乘故니라

구대원력   영부단절고   구신통력   출
具大願力하야 永不斷絶故며 具神通力하야 出

생무량고   구가지력   영신해영수고
生無量故며 具加持力하야 令信解領受故니라

시즉능정력바라밀
是則能淨力波羅蜜이니라

지탐욕행자   지진에행자   지우치행자
知貪欲行者하며 知瞋恚行者하며 知愚癡行者하며

지등분행자   지수학지행자   일념중
知等分行者하며 知修學地行者하며 一念中에

지무변중생행
知無邊衆生行하나니라

지니는 까닭이며, 변재의 힘을 갖추어 일체 중생으로 하여금 환희를 만족케 하는 까닭이며, 바라밀의 힘을 갖추어 대승을 장엄하는 까닭이다.

큰 서원의 힘을 갖추어 길이 끊어지지 않는 까닭이며, 신통의 힘을 갖추어 한량없는 것을 출생하는 까닭이며, 가지하는 힘을 갖추어 믿고 이해하며 받아들이게 하는 까닭이다. 이것이 곧 역바라밀을 청정하게 하는 것이다.

탐욕을 행하는 자를 알며, 성냄을 행하는 자를 알며, 어리석음을 행하는 자를 알며, 동등히 나누어져 있음을 행하는 자를 알며, 배우는 지위를 닦아 행하는 자를 알며, 잠깐 동

지무변중생심　　지일체법진실　　지일체
知無邊衆生心하며　知一切法眞實하며　知一切

여래력　　보각오법계문　　시즉능정지
如來力하며　普覺悟法界門하나니라　是則能淨智

바라밀
波羅蜜이니라

불자　보살　여시청정제바라밀시　원만제
佛子야　菩薩이　如是淸淨諸波羅蜜時와　圓滿諸

바라밀시　　불사제바라밀시　　주대장엄보
波羅蜜時와　不捨諸波羅蜜時에　住大莊嚴菩

살승중　　수기소념일체중생　　개위설법
薩乘中하고　隨其所念一切衆生하야　皆爲說法하야

영증정업　　이득도탈
令增淨業하야　而得度脫하나니라

안에 가없는 중생의 행을 안다.

가없는 중생의 마음을 알며, 일체 법의 진실을 알며, 일체 여래의 힘을 알아 법계의 문을 널리 깨닫는다. 이것이 곧 지바라밀을 능히 청정하게 하는 것이다.

불자여, 보살이 이와 같이 모든 바라밀을 청정하게 할 때와, 모든 바라밀을 원만하게 할 때와, 모든 바라밀을 버리지 아니할 때에, 크게 장엄한 보살승 가운데 머물러서 그 염려하는 바 일체 중생을 따라서 다 법을 설하여, 깨끗한 업을 증장하여 제도해 해탈을 얻게

타악도자　교사발심　　재난중자　　영근정
墮惡道者를 敎使發心하며 在難中者를 令勤精

진　　다탐중생　시무탐법　　다진중생　　영
進하며 多貪衆生에 示無貪法하며 多瞋衆生에 令

행평등　　착견중생　　위설연기
行平等하며 著見衆生에 爲說緣起하니라

욕계중생　　교리욕에악불선법　　색계중생
欲界衆生에 敎離欲恚惡不善法하며 色界衆生에

위기선설비발사나　　무색계중생　　위기선
爲其宣說毗鉢舍那하며 無色界衆生에 爲其宣

설미묘지혜
說微妙智慧하니라

이승지인　　교적정행　　낙대승자　　위설십
二乘之人에 敎寂靜行하며 樂大乘者에 爲說十

력광대장엄
力廣大莊嚴이니라

한다.

악도에 떨어진 이는 가르쳐 발심하게 하며, 어려움 가운데에 있는 이는 부지런히 정진하게 하며, 탐욕이 많은 중생은 탐욕이 없는 법을 보여주며, 성냄이 많은 중생은 평등을 행하게 하며, 소견에 집착하는 중생은 연기를 말하여 준다.

욕계의 중생에게는 탐욕과 성냄과 악하고 선하지 않은 법을 여의도록 가르치며, 색계의 중생에게는 그를 위해 비발사나를 설하며, 무색계의 중생에게는 그를 위해 미묘한 지혜를 설한다.

이승의 사람에게는 적정한 행을 가르치며,

여기왕석초발심시　　견무량중생　　타제악
如其往昔初發心時에　見無量衆生이　墮諸惡

도　　　대사자후　　작여시언　　아당이종종
道하고　大師子吼로　作如是言호대　我當以種種

법문　　수기소응　　이도탈지
法門으로　隨其所應하야　而度脫之라하니라

보살　구족여시지혜　　광능도탈일체중
菩薩이　具足如是智慧하야　廣能度脫一切衆

생
生이니라

불자　보살　구족여시지혜　　영삼보종
佛子야　菩薩이　具足如是智慧하야　令三寶種으로

영부단절
永不斷絶하나니라

대승을 즐겨하는 이에게는 십력과 넓고 큰 장엄을 설한다.

저 지난 옛적 처음 발심할 때에 한량없는 중생들이 모든 악도에 떨어진 것을 보고 큰 사자후로 이와 같은 말을 하되 '내가 마땅히 갖가지 법문으로 그들이 응할 바를 따라 제도해 해탈케 하리라.' 하였다.

보살이 이와 같은 지혜를 구족하여 널리 일체 중생을 능히 제도해 해탈케 한다.

불자여, 보살이 이와 같은 지혜를 구족하여 삼보의 종성이 영원히 끊어지지 않게 한다.

소이자하
所以者何오

보살마하살 　교제중생 　발보리심 　시고
菩薩摩訶薩이 教諸衆生하야 發菩提心일새 是故로

능령불종부단 　상위중생 　개천법장
能令佛種不斷이며 常爲衆生하야 開闡法藏일새

시고 　능령법종부단 　선지교법 　무소
是故로 能令法種不斷이며 善持教法하야 無所

괴위 　시고 　능령승종부단
乖違일새 是故로 能令僧種不斷이니라

부차실능칭찬일체대원 　시고 　능령불종
復次悉能稱讚一切大願일새 是故로 能令佛種

부단 　분별연설인연지문 　시고 　능령
不斷이며 分別演說因緣之門일새 是故로 能令

법종부단 　상근수습육화경법 　시고
法種不斷이며 常勤修習六和敬法일새 是故로

까닭이 무엇인가?

보살마하살이 모든 중생들을 가르쳐 보리심을 내게 하므로 능히 불종이 끊어지지 않게 하며, 항상 중생을 위하여 법장을 열어 보이므로 능히 법종이 끊어지지 않게 하며, 교법을 잘 지녀서 어기는 바가 없으므로 능히 승종이 끊어지지 않게 한다.

다시 또 일체 큰 서원을 모두 능히 칭찬하므로 불종이 끊어지지 않게 하며, 인연의 문을 분별하여 연설하므로 능히 법종이 끊어지지 않게 하며, 여섯 가지 화경하는 법을 항상 부지런히 닦으므로 능히 승종이 끊어지지 않게

능령승종부단
能令僧種不斷이니라

부차어중생전중　하불종자　　시고　　능령
復次於衆生田中에 下佛種子일새 是故로 能令

불종부단　　호지정법　　불석신명　　시고
佛種不斷이며 護持正法호대 不惜身命일새 是故로

능령법종부단　　통리대중　　무유피권
能令法種不斷이며 統理大衆호대 無有疲倦일새

시고　　능령승종부단
是故로 能令僧種不斷이니라

부차어거래금불　소설지법　소제지계　　개
復次於去來今佛의 所說之法과 所制之戒를 皆

실봉지　　심불사리　　시고　　능령불법승
悉奉持하야 心不捨離일새 是故로 能令佛法僧

종　　　영부단절
種으로 永不斷絶이니라

한다.

다시 또 중생이라는 밭에 부처님 종자를 심으므로 능히 불종이 끊어지지 않게 하며, 바른 법을 보호해 지니되 신명을 아끼지 아니하므로 능히 법종이 끊어지지 않게 하며, 대중을 통솔하되 피로해하거나 게으르지 아니하므로 능히 승종이 끊어지지 않게 한다.

다시 또 과거 미래 현재의 부처님께서 말씀하신 법과 제정하신 계를 모두 다 받들어 지니어 마음에 버리고 여의지 아니하니, 그러므로 불보 법보 승보의 종성이 영원히 끊어지지 않게 한다.

보살　여시소륭삼보　　일체소행　무유과
菩薩이 如是紹隆三寶일새 一切所行이 無有過

실　　수유소작　　개이회향일체지문　　시
失하며 隨有所作하야 皆以迴向一切智門일새 是

고삼업　개무하점
故三業이 皆無瑕玷이니라

무하점고　소작중선　소행제행　교화중
無瑕玷故로 所作衆善과 所行諸行으로 敎化衆

생　수응설법　내지일념　무유착류
生하야 隨應說法호대 乃至一念도 無有錯謬하고

개여방편지혜상응　실이향어일체지지
皆與方便智慧相應하야 悉以向於一切智智하야

무공과자
無空過者니라

보살　여시수습선법　염념구족십종장
菩薩이 如是修習善法하야 念念具足十種莊

보살이 이와 같이 삼보를 이어 융성하게 하니 일체 행하는 일에 과실이 없으며, 짓는 바가 있음을 따라서 다 일체 지혜의 문에 회향하니, 그러므로 세 가지 업이 다 허물이 없다.

허물이 없는 까닭에 짓는 온갖 선과 행하는 모든 행으로 중생을 교화하여 마땅함을 따라 법을 설하되 내지 잠깐이라도 착오가 없으며, 다 방편 지혜와 더불어 서로 응하여, 모두 일체지지에 회향하여 헛되이 지냄이 없다.

보살이 이와 같이 선한 법을 닦아서 생각생각 열 가지 장엄을 구족한다.

엄
嚴하나니라

하자 위십
何者가 爲十고

소위신장엄 수제중생 소응조복 이
所謂身莊嚴이니 隨諸衆生의 所應調伏하야 而

위시현고 어장엄 단일체의 개령환
爲示現故며 語莊嚴이니 斷一切疑하야 皆令歡

희고 심장엄 어일념중 입제삼매고
喜故며 心莊嚴이니 於一念中에 入諸三昧故니라

불찰장엄 일체청정 이제번뇌고 광
佛刹莊嚴이니 一切淸淨하야 離諸煩惱故며 光

명장엄 방무변광 보조중생고
明莊嚴이니 放無邊光하야 普照衆生故니라

중회장엄 보섭중회 개령환희고 신
衆會莊嚴이니 普攝衆會하야 皆令歡喜故며 神

무엇이 열인가?

이른바 몸의 장엄이니 모든 중생들의 마땅히 조복할 바를 따라서 나타내 보이는 까닭이며, 말의 장엄이니 일체 의심을 끊어서 다 환희하게 하는 까닭이며, 마음의 장엄이니 한 생각 가운데서 모든 삼매에 들어가는 까닭이다.

부처님 세계의 장엄이니 일체가 청정하여 모든 번뇌를 여읜 까닭이며, 광명의 장엄이니 가없는 광명을 놓아 중생에게 널리 비추는 까닭이다.

대중모임의 장엄이니 모인 대중들을 널리 거

통장엄　　수중생심　　자재시현고
通莊嚴이니 隨衆生心하야 自在示現故니라

정교장엄　　능섭일체총혜인고　열반지장
正敎莊嚴이니 能攝一切聰慧人故며 涅槃地莊

엄　　어일처성도　　주변시방　　실무여고
嚴이니 於一處成道에 周徧十方하야 悉無餘故며

교설장엄　　수처수시　　수기근기　　위설
巧說莊嚴이니 隨處隨時하며 隨其根器하야 爲說

법고
法故니라

보살　성취여시장엄　　어염념중　신어의
菩薩이 成就如是莊嚴하야 於念念中에 身語意

업　개무공과　　실이회향일체지문
業이 皆無空過하야 悉以迴向一切智門이니라

약유중생　건차보살　　당지역부무공과자
若有衆生이 見此菩薩하면 當知亦復無空過者니

두어 다 환희케 하는 까닭이며, 신통의 장엄이
니 중생의 마음을 따라 자재하게 나타내 보이
는 까닭이다.

바른 교법의 장엄이니 일체 총명하고 지혜
있는 사람을 능히 거두는 까닭이며, 열반한
곳의 장엄이니 한 곳에서 성도하여도 시방에
두루하여 모두 남음이 없는 까닭이며, 교묘하
게 연설하는 장엄이니 곳을 따르고 때를 따르
며 그 근기를 따라서 위하여 법을 설하는 까
닭이다.

보살이 이와 같은 장엄을 성취하여 생각생각
에 몸과 말과 뜻의 업이 다 헛되이 지냄이 없

이 필 당 성 아 뇩 다 라 삼 먁 삼 보 리 고
以必當成阿耨多羅三藐三菩提故니라

약문명　　　약공양　　　약동주　　　약억념
若聞名이어나　若供養이어나　若同住어나　若憶念이어나

약 수 출 가　　　약 문 설 법　　　약 수 희 선 근
若隨出家어나　若聞說法이어나　若隨喜善根이어나

약 요 생 흠 경　　　내 지 칭 양 찬 탄 명 자　　　개 당
若遙生欽敬이어나　乃至稱揚讚歎名字인댄　皆當

득 아 뇩 다 라 삼 먁 삼 보 리
得阿耨多羅三藐三菩提니라

불 자　비 여 유 약　　명 위 선 견　　중 생 견 자
佛子야　譬如有藥하니　名爲善見이라　衆生見者가

중 독 실 제　　　보 살　여 시　　성 취 차 법
衆毒悉除인달하야　菩薩도　如是하야　成就此法일새

중 생　약 견　제 번 뇌 독　개 득 제 멸　선 법
衆生이　若見에　諸煩惱毒이　皆得除滅하고　善法

어서 모두 일체 지혜의 문에 회향한다.

만약 어떤 중생이 이 보살을 보면, 마땅히 알아야 한다, 또한 다시 헛되이 지냄이 없으리니 반드시 마땅히 아뇩다라삼먁삼보리를 이루는 까닭이다.

혹 이름을 듣거나, 공양올리거나, 함께 있거나, 생각하거나, 따라 출가하거나, 설법을 듣거나, 선근을 따라 기뻐하거나, 멀리서 공경을 하거나, 내지 이름을 찬탄하면, 다 마땅히 아뇩다라삼먁삼보리를 얻을 것이다.

불자여, 비유하면 약이 있으니 이름이 선견인데, 중생들이 보는 자는 온갖 독이 모두 없

증 장
增長이니라

불 자　　보 살 마 하 살　　주 차 법 중　　　근 가 수
佛子야　菩薩摩訶薩이　住此法中하야　勤加修

습　　　이 지 혜 명　　　멸 제 치 암　　　이 자 비 력
習하야　以智慧明으로　滅諸癡闇하며　以慈悲力으로

최 복 마 군　　　이 대 지 혜　　　급 복 덕 력　　　제 제
摧伏魔軍하며　以大智慧와　及福德力으로　制諸

외 도
外道하나라

이 금 강 정　　　멸 제 일 체 심 구 번 뇌　　　이 정 진
以金剛定으로　滅除一切心垢煩惱하며　以精進

력　　　집 제 선 근　　　이 정 불 토 제 선 근 력　　　원
力으로　集諸善根하며　以淨佛土諸善根力으로　遠

어지는 것과 같이, 보살도 이와 같아서 이 법을 성취하니 중생이 만약 보면 모든 번뇌의 독이 다 없어지고 선한 법이 증장한다.

불자여, 보살마하살이 이 법 가운데 머물러서 부지런히 닦아 익혀서, 지혜광명으로 모든 어리석음의 어두움을 소멸하며, 자비의 힘으로 마군을 꺾어 굴복시키며, 큰 지혜와 복덕의 힘으로 모든 외도들을 제어한다.

금강의 선정으로 일체 마음의 때인 번뇌를 없애며, 정진하는 힘으로 모든 선근을 모으며, 부처님 세계를 청정하게 하는 모든 선근의 힘

리일체악도제난　　이무소착력　　정지경
離一切惡道諸難하며 以無所著力으로 淨智境

계
界하니라

이방편지혜력　　출생일체보살　　제지제바
以方便智慧力으로 出生一切菩薩의 諸地諸波

라밀　 급제삼매　　육통삼명　 사무소외　 실령
羅蜜과 及諸三昧와 六通三明과 四無所畏하야 悉令

청정　　이일체선법력　　성만일체제불정
清淨하며 以一切善法力으로 成滿一切諸佛淨

토　 무변상호　 신어급심　　구족장엄
土와 無邊相好와 身語及心하야 具足莊嚴하니라

이지자재관찰력　　지일체여래　 역무소외
以智自在觀察力으로 知一切如來의 力無所畏와

불공불법　 실개평등　　이광대지혜력　　　요
不共佛法이 悉皆平等하며 以廣大智慧力으로 了

으로 일체 악도의 모든 어려움을 멀리 여의며, 집착하는 바가 없는 힘으로 지혜의 경계를 깨끗이 한다.

방편 지혜의 힘으로 일체 보살의 모든 지위와 모든 바라밀과 모든 삼매와 육통과 삼명과 사무소외를 출생하여 모두 청정하게 하며, 일체 선한 법의 힘으로 일체 모든 부처님의 정토와 가없는 상호와 몸과 말과 그리고 마음을 원만히 성취하여 구족하게 장엄한다.

지혜가 자재하게 관찰하는 힘으로 일체 여래의 힘과 두려움 없음과 함께하지 않는 부처님법이 모두 다 평등함을 알며, 넓고 큰 지혜의

지 일 체 지 지 경 계
知一切智智境界하니라

이 왕 석 서 원 력   수 소 응 화   현 불 국 토
以往昔誓願力으로 隨所應化하야 現佛國土하고

전 대 법 륜   도 탈 무 량 무 변 중 생
轉大法輪하야 度脫無量無邊衆生이니라

불 자   보 살 마 하 살   근 수 차 법   차 제 성 취
佛子야 菩薩摩訶薩이 勤修此法하면 次第成就

제 보 살 행   내 지 득 여 제 불 평 등   어 무 변
諸菩薩行하며 乃至得與諸佛平等하야 於無邊

세 계 중   위 대 법 사   호 지 정 법   일 체 제
世界中에 爲大法師하야 護持正法하며 一切諸

불 지 소 호 념   수 호 수 지 광 대 법 장   획 무
佛之所護念이며 守護受持廣大法藏하야 獲無

힘으로 일체지지의 경계를 분명하게 안다.

지난 옛적 서원한 힘으로 마땅히 교화할 바를 따라서 부처님 국토를 나타내고 큰 법륜을 굴려서 한량없고 가없는 중생들을 제도해 해탈케 한다.

불자여, 보살마하살이 이 법을 부지런히 닦아서 차례로 모든 보살행을 성취하며 내지 모든 부처님과 더불어 평등함을 얻어서, 가없는 세계에서 큰 법사가 되어 바른 법을 보호하여 가지며, 일체 모든 부처님의 호념하시는 바이며, 넓고 큰 법장을 수호하여 수지하고, 걸림

애변   심입법문
礙辯하야 深入法門하니라

어무변세계대중지중   수류부동   보현기
於無邊世界大衆之中에 隨類不同하야 普現其

신   색상구족   최승무비   이무애변
身호대 色相具足하야 最勝無比하며 以無礙辯으로

교설심법   기음원만   선교분포고   능
巧說深法호대 其音圓滿하야 善巧分布故로 能

령문자   입어무진 지혜 지문
令聞者로 入於無盡智慧之門하니라

지제중생   심행번뇌   이위설법   소출언
知諸衆生의 心行煩惱하야 而爲說法에 所出言

음   구족청정고   일음연창   능령일체
音이 具足淸淨故로 一音演暢하야 能令一切로

개 생 환 희
皆生歡喜하니라

없는 변재를 얻어 법의 문에 깊이 들어간다.

가없는 세계의 대중 가운데 부류가 같지 아니함을 따라서 그 몸을 널리 나타내되 색상이 구족하여 가장 수승해 비할 데 없으며, 걸림 없는 변재로 깊은 법을 교묘하게 설하되 그 음성이 원만하고 잘 퍼지는 까닭에 능히 듣는 자로 하여금 다함없는 지혜의 문에 들어가게 한다.

모든 중생들의 마음의 행과 번뇌를 알아서 법을 설함에 내는 바 음성이 구족하고 청정한 까닭에 한 소리로 연설하되 능히 일체로 하여금 다 환희를 내게 한다.

그 몸은 단정하고 큰 위력이 있는 까닭에 대

기신　단정　　유대위력고　　처어중회　무
其身이 端正하야 有大威力故로 處於衆會에 無

능과자
能過者하니라

선지중심고　　능보현신　　선교설법고　　음
善知衆心故로 能普現身하며 善巧說法故로 音

성무애　　득심자재고　　교설대법　무능저
聲無礙하며 得心自在故로 巧說大法에 無能沮

괴　　득무소외고　　심무겁약　　어법자재고
壞하며 得無所畏故로 心無怯弱하며 於法自在故로

무능과자　　어지자재고　무능승자
無能過者하며 於智自在故로 無能勝者하니라

반야바라밀자재고　　소설법상　불상위배
般若波羅蜜自在故로 所說法相이 不相違背하며

변재자재고　수락설법　상속부단　다라니
辯才自在故로 隨樂說法에 相續不斷하며 陀羅尼

중모임에 있을 적에 능히 더 나을 자가 없다.

대중의 마음을 잘 아는 까닭에 능히 널리 몸을 나타내며, 선교로 법을 설하는 까닭에 음성이 걸림이 없으며, 마음이 자재함을 얻은 까닭에 큰 법을 교묘하게 설함에 능히 꺾어 무너뜨릴 이가 없으며, 두려울 바 없음을 얻은 까닭에 마음이 겁약함이 없으며, 법에 자재한 까닭에 능히 더 나을 자가 없으며, 지혜에 자재한 까닭에 능히 이길 자가 없다.

반야바라밀에 자재한 까닭에 설하는 바 법상이 서로 위배되지 않으며, 변재가 자재한 까닭에 즐거함을 따라 법을 설함에 상속하여 끊

자재고　결정개시제법실상
自在故로 決定開示諸法實相하나라

변재자재고　수소연설　능개종종비유
辯才自在故로 隨所演說하야 能開種種譬諭

지문　대비자재고　근회중생　심무해식
之門하며 大悲自在故로 勤誨衆生에 心無懈息하며

대자자재고　방광명망　열가중심
大慈自在故로 放光明網하야 悅可衆心하나니라

보살　여시처어고광사자지좌　연설대
菩薩이 如是處於高廣師子之座하야 演說大

법　유제여래　급승원지제대보살　기여
法에 唯除如來와 及勝願智諸大菩薩하고 其餘

중생　무능승자　무견정자　무영탈자
衆生은 無能勝者하며 無見頂者하며 無映奪者라

욕이난문　영기퇴굴　무유시처
欲以難問으로 令其退屈이 無有是處니라

어지지 않으며, 다라니에 자재한 까닭에 결정
코 모든 법의 실상을 열어 보인다.

 변재가 자재한 까닭에 연설할 바를 따라서
갖가지 비유의 문을 능히 열며, 대비가 자재한
까닭에 부지런히 중생을 가르침에 마음이 게
을러 그만둠이 없으며, 대자가 자재한 까닭에
광명그물을 놓아 대중의 마음을 기쁘게 한다.

 보살이 이와 같이 높고 넓은 사자좌에 앉아
서 큰 법을 연설함은, 오직 여래와 그리고 수
승한 서원과 지혜를 지닌 모든 큰 보살들을
제외하고 그 나머지 중생들은 능히 이길 자가
없으며, 정수리를 볼 자가 없으며, 빛을 가릴

불자　보살마하살　득여시자재력이　가사
佛子야 菩薩摩訶薩이 得如是自在力已에 假使

유불가설세계무량광대도량　만중중생
有不可說世界無量廣大道場에 滿中衆生하야

일일중생　위덕색상　개여삼천대천세계
一一衆生의 威德色相이 皆如三千大千世界

주　　보살　어차　재현기신　실능영폐여
主라도 菩薩이 於此에 纔現其身에 悉能映蔽如

시대중
是大衆하나니라

이대자비　안기겁약　이심지혜　찰기욕
以大慈悲로 安其怯弱하며 以深智慧로 察其欲

락　이무외변　위기설법　능령일체
樂하며 以無畏辯으로 爲其說法하야 能令一切로

개생환희
皆生歡喜하나니라

자가 없다. 힐난해 따져 묻는 것으로써 그로 하여금 물러나게 하려 함은 옳은 도리가 없다.

불자여, 보살마하살이 이와 같이 자재한 힘을 얻고는, 가령 말할 수 없는 세계의 한량없는 넓고 큰 도량에 가득한 중생들이 있어서 낱낱 중생의 위덕과 색상이 다 삼천대천세계의 임금과 같더라도, 보살이 여기에 잠깐 그 몸을 나타냄에 이와 같은 대중들을 모두 능히 가려 버린다.

큰 자비로써 그들의 겁약함을 위안하며, 깊은 지혜로써 그들의 욕락을 살피며, 두려움 없는 변재로써 그들을 위해 법을 설하여 능히 일체로 하여금 다 환희케 한다.

하이고
何以故오

불자 보살마하살 성취무량지혜륜고
佛子야 菩薩摩訶薩이 成就無量智慧輪故며

성취무량교분별고 성취광대정념력고
成就無量巧分別故며 成就廣大正念力故며

성취무진선교혜고
成就無盡善巧慧故니라

성취결료제법실상다라니고 성취무변제
成就決了諸法實相陀羅尼故며 成就無邊際

보리심고 성취무착류묘변재고 성취득
菩提心故며 成就無錯謬妙辯才故며 成就得

일체불가지심신해고
一切佛加持深信解故니라

성취보입삼세제불중회도량지혜력고 성
成就普入三世諸佛衆會道場智慧力故며 成

무슨 까닭인가?

불자여, 보살마하살이 한량없는 지혜륜을 성취한 까닭이며, 한량없이 교묘한 분별을 성취한 까닭이며, 광대하고 바른 생각의 힘을 성취한 까닭이며, 다함없는 선교의 지혜를 성취한 까닭이다.

모든 법의 실상을 분명히 아는 다라니를 성취한 까닭이며, 끝없는 보리심을 성취한 까닭이며, 잘못이 없는 미묘한 변재를 성취한 까닭이며, 일체 부처님의 가지를 얻어 깊이 믿고 이해함을 성취한 까닭이다.

널리 삼세 모든 부처님의 대중모임 도량에 들

취지삼세제불동일체성청정심고
就知三世諸佛同一體性淸淨心故니라

성취삼세일체여래지　일체보살대원지
成就三世一切如來智와 一切菩薩大願智로

능작대법사　개천제불정법장　급호지
能作大法師하야 開闡諸佛正法藏하며 及護持

고
故니라

이시　법혜보살　욕중선기의　승불신
爾時에 法慧菩薩이 欲重宣其義하사 承佛神

력　이설송언
力하고 而說頌言하사대

어가는 지혜의 힘을 성취한 까닭이며, 삼세 모든 부처님의 동일한 체성을 아는 청정한 마음을 성취한 까닭이다.

삼세 일체 여래의 지혜와 일체 보살의 큰 서원과 지혜를 성취하고 능히 큰 법사가 되어서 모든 부처님의 바른 법장을 열어 보이고 수호하여 유지하는 까닭이다."

그때에 법혜 보살이 그 뜻을 거듭 펴려고 부처님의 위신력을 받들어 게송을 설하여 말씀하였다.

심주보리집중복
心住菩提集衆福하며

상불방일식견혜
常不放逸植堅慧하며

정념기의항불망
正念其意恒不忘일새

시방제불개환희
十方諸佛皆歡喜로다

염욕견고자근려
念欲堅固自勤勵하며

어세무의무퇴겁
於世無依無退怯하며

이무쟁행입심법
以無諍行入深法일새

시방제불개환희
十方諸佛皆歡喜로다

불환희이견정진
佛歡喜已堅精進하야

수행복지조도법
修行福智助道法하야

입어제지정중행
入於諸地淨衆行하며

만족여래소설원
滿足如來所說願이로다

마음이 보리에 머물러 온갖 복을 모으며
항상 방일하지 아니하고 견고한 지혜를 심으며
그 뜻을 바로 생각하여 늘 잊지 않으니
시방의 모든 부처님께서 다 환희하시도다.

생각과 욕망이 견고하여 스스로 부지런히 힘써서
세상에 의지함이 없고 겁내어 물러섬도 없으며
다툼이 없는 행으로 깊은 법에 드니
시방의 모든 부처님께서 다 환희하시도다.

부처님께서 환희하시니 굳게 정진하여
복과 지혜의 조도법을 닦아 행하며
모든 지위에 들어 온갖 행을 청정하게 하여
여래께서 설하신 서원을 만족케 하도다.

여시이수획묘법
如是而修獲妙法하고

기득법이시군생
旣得法已施群生호대

수기심락급근성
隨其心樂及根性하야

실순기의위개연
悉順其宜爲開演이로다

보살위타연설법
菩薩爲他演說法호대

불사자기제도행
不捨自己諸度行하며

바라밀도기이성
波羅蜜道旣已成에

상어유해제군생
常於有海濟群生이로다

주야근수무해권
晝夜勤修無懈倦하야

영삼보종부단절
令三寶種不斷絶하며

소행일체백정법
所行一切白淨法으로

실이회향여래지
悉以迴向如來地로다

이와 같이 닦아서 묘한 법을 얻고
법을 이미 얻고서는 군생들에게 베풀되
그 마음이 즐겨함과 근성을 따라서
모두 그 마땅함을 따라 열어 연설하도다.

보살이 다른 이를 위해 법을 연설하되
자기의 모든 바라밀행을 버리지 아니하며
바라밀의 도를 이미 이루고는
항상 존재 바다에서 군생들을 제도하도다.

밤낮으로 부지런히 닦아 게으름이 없어서
삼보의 종성이 끊어지지 않게 하며
행한 바 일체의 희고 깨끗한 법으로
모두 여래의 자리에 회향하도다.

보살소수중선행
菩薩所修衆善行이

보위성취제군생
普爲成就諸群生하야

영기파암멸번뇌
令其破闇滅煩惱하며

항복마군성정각
降伏魔軍成正覺이로다

여시수행득불지
如是修行得佛智하야

심입여래정법장
深入如來正法藏하야

위대법사연묘법
爲大法師演妙法하니

비여감로실점쇄
譬如甘露悉霑灑로다

자비애민변일체
慈悲哀愍徧一切하며

중생심행미부지
衆生心行靡不知하야

여기소락위개천
如其所樂爲開闡

무량무변제불법
無量無邊諸佛法이로다

보살의 닦은 바 온갖 선한 행이
널리 모든 군생들을 성취하기 위한 것이니
그들이 어두움을 깨뜨리고 번뇌를 소멸하며
마군을 항복시키고 정각을 이루게 하도다.

이와 같이 수행하여 부처님의 지혜를 얻어서
여래의 바른 법장에 깊이 들어가
큰 법사가 되어 묘한 법을 연설하니
마치 감로가 모두 뿌려 적시듯 하도다.

자비로 가엾게 여김이 일체에 두루하여
중생의 마음의 행을 알지 못함이 없어서
그들이 즐겨하는 바와 같이
한량없고 가없는 모든 부처님의 법을 열어 밝히도다.

진지안서여상왕
進止安徐如象王하며

용맹무외유사자
勇猛無畏猶師子하며

부동여산지여해
不動如山智如海하며

역여대우제중열
亦如大雨除衆熱이로다

시 법혜보살 설차송이 여래 환희
時에 **法慧菩薩**이 **說此頌已**에 **如來**가 **歡喜**하시며

대중 봉행
大衆이 **奉行**하니라

〈大方廣佛華嚴經 卷第十八〉

나아가고 머무름에 편안하고 조용함이 코끼리와 같고
용맹하고 두려움 없음이 사자와 같으며
요동하지 않음은 산과 같고 지혜는 바다 같으며
또한 큰 비가 온갖 열을 식히듯 하도다.

그때에 법혜 보살이 이 게송을 설하고 나니
여래께서 환희하시고 대중들이 받들어 행하
였다.

大方廣佛華嚴經
부록

●

대방광불화엄경 목차

●

간행사

대방광불화엄경
목차

〈제1회〉

제1권　제1품　세주묘엄품 [1]

제2권　제1품　세주묘엄품 [2]

제3권　제1품　세주묘엄품 [3]

제4권　제1품　세주묘엄품 [4]

제5권　제1품　세주묘엄품 [5]

제6권　제2품　여래현상품

제7권　제3품　보현삼매품

　　　　제4품　세계성취품

제8권　제5품　화장세계품 [1]

제9권　제5품　화장세계품 [2]

제10권　제5품　화장세계품 [3]

제11권　제6품　비로자나품

〈제2회〉

제12권　제7품　여래명호품

　　　　제8품　사성제품

제13권　제9품　광명각품

　　　　제10품　보살문명품

제14권　제11품　정행품

　　　　제12품　현수품 [1]

제15권　제12품　현수품 [2]

〈제3회〉

제16권　제13품　승수미산정품

　　　　제14품　수미정상게찬품

　　　　제15품　십주품

제17권　제16품　범행품

　　　　제17품　초발심공덕품

제18권　제18품　명법품

〈제4회〉

제19권 　제19품　승야마천궁품

　　　　제20품　야마궁중게찬품

　　　　제21품　십행품 [1]

제20권 　제21품　십행품 [2]

제21권 　제22품　십무진장품

〈제5회〉

제22권 　제23품　승도솔천궁품

제23권 　제24품　도솔궁중게찬품

　　　　제25품　십회향품 [1]

제24권 　제25품　십회향품 [2]

제25권 　제25품　십회향품 [3]

제26권 　제25품　십회향품 [4]

제27권 　제25품　십회향품 [5]

제28권 　제25품　십회향품 [6]

제29권 　제25품　십회향품 [7]

제30권 　제25품　십회향품 [8]

제31권 　제25품　십회향품 [9]

제32권 　제25품　십회향품 [10]

제33권 　제25품　십회향품 [11]

〈제6회〉

제34권 　제26품　십지품 [1]

제35권 　제26품　십지품 [2]

제36권 　제26품　십지품 [3]

제37권 　제26품　십지품 [4]

제38권 　제26품　십지품 [5]

제39권 　제26품　십지품 [6]

〈제7회〉

제40권 　제27품　십정품 [1]

제41권 　제27품　십정품 [2]

제42권 　제27품　십정품 [3]

제43권 　제27품　십정품 [4]

제44권 　제28품　십통품

　　　　제29품　십인품

제45권 　제30품　아승지품

　　　　제31품　수량품

　　　　제32품　제보살주처품

제46권 　제33품　불부사의법품 [1]

제47권 　제33품　불부사의법품 [2]

제48권 제34품 여래십신상해품

　　　　제35품 여래수호광명공덕품

제49권 제36품 보현행품

제50권 제37품 여래출현품 [1]

제51권 제37품 여래출현품 [2]

제52권 제37품 여래출현품 [3]

〈제8회〉

제53권 제38품 이세간품 [1]

제54권 제38품 이세간품 [2]

제55권 제38품 이세간품 [3]

제56권 제38품 이세간품 [4]

제57권 제38품 이세간품 [5]

제58권 제38품 이세간품 [6]

제59권 제38품 이세간품 [7]

〈제9회〉

제60권 제39품 입법계품 [1]

제61권 제39품 입법계품 [2]

제62권 제39품 입법계품 [3]

제63권 제39품 입법계품 [4]

제64권 제39품 입법계품 [5]

제65권 제39품 입법계품 [6]

제66권 제39품 입법계품 [7]

제67권 제39품 입법계품 [8]

제68권 제39품 입법계품 [9]

제69권 제39품 입법계품 [10]

제70권 제39품 입법계품 [11]

제71권 제39품 입법계품 [12]

제72권 제39품 입법계품 [13]

제73권 제39품 입법계품 [14]

제74권 제39품 입법계품 [15]

제75권 제39품 입법계품 [16]

제76권 제39품 입법계품 [17]

제77권 제39품 입법계품 [18]

제78권 제39품 입법계품 [19]

제79권 제39품 입법계품 [20]

제80권 제39품 입법계품 [21]

간 행 사

　귀의삼보 하옵고,

『대방광불화엄경』의 수지 독송과 유통을 발원하면서 수미정사 불전연구원에서 『독송본 한문·한글역 대방광불화엄경』과 『사경본 한글역 대방광불화엄경』을 편찬하여 간행하게 되었습니다.

『화엄경』은 우리나라에 전래된 이래 일찍부터 사경되고 주석·강설되어 왔으며 근현대에 이르러서는 『화엄경』의 한글 번역과 연구도 부쩍 많이 이루어졌습니다. 그만큼 『화엄경』이 우리 불자님들의 신행과 해탈에 큰 의지처가 되었던 것임을 알 수 있습니다.

『화엄경』을 독송하고 사경하는 공덕은 설법 공덕과 함께 크게 강조되어 왔습니다. 그리하여 수미정사 불전연구원에서도 『화엄경』(80권)을 독송하고 사경하는 데 도움이 되도록 한문 원문과 한글역을 함께 수록한 독송본과 한글역의 사경본 『화엄경』 간행불사를 발원하였습니다. 이 『화엄경』 간행불사에 뜻을 같이하여 적극 후원해주신 스님들과 재가 불자님들께 깊이 감사드립니다. 또한 『화엄경』을 수지 독송할 수 있도록 경책의 모습으로 장엄해 주신 편집위원들과 담앤북스 출판사 관계자들께도 고마움을 표합니다.

　끝으로 이 불사의 원만 회향으로 『화엄경』이 널리 유통되고, 온 법계에 부처님의 가피가 충만하시길 기원드립니다.

　나무 대방광불화엄경

불기 2564년 '부처님오신날'을 봉축하며
수미해주 합장

위태천신(동진보살)

수미해주 須彌海住

동국대학교 명예교수
중앙승가대학교 법인이사
대한불교조계종 수미정사 주지

독송본 한문·한글역
대방광불화엄경 제18권

| 초판 1쇄 발행_ 2021년 9월 24일

| 엮은이_ 수미해주
| 엮은곳_ 수미정사 불전연구원
| 편집위원_ 해주 수정 경진 선초 정천 석도 박보람 최원섭
| 편집보_ 무이 무진 지욱 김지예

| 펴낸이_ 오세룡
| 펴낸곳_ 담앤북스
　　　　서울특별시 종로구 새문안로3길 23 경희궁의 아침 4단지 805호
　　　　대표전화 02)765-1251 전자우편 damnbooks@hanmail.net
　　　　출판등록 제300-2011-115호
| ISBN_ 979-11-6201-320-5 04220